BEI GRIN MACHT SICH IHR WISSEN BEZAHLT

- Wir veröffentlichen Ihre Hausarbeit, Bachelor- und Masterarbeit

- Ihr eigenes eBook und Buch - weltweit in allen wichtigen Shops

- Verdienen Sie an jedem Verkauf

Jetzt bei www.GRIN.com hochladen und kostenlos publizieren

GRIN

Michael Dienst

Auf Phänomenologien und computergestützten Funktionshypothesen basierende Produktentwicklung

Beitrag zu computergestützten Vorgehensweisen im Engineering Design

GRIN Verlag

Bibliografische Information der Deutschen Nationalbibliothek:

Die Deutsche Bibliothek verzeichnet diese Publikation in der Deutschen National-
bibliografie; detaillierte bibliografische Daten sind im Internet über http://dnb.d-
nb.de/ abrufbar.

Impressum:

Copyright © 2014 GRIN Verlag GmbH
Druck und Bindung: Books on Demand GmbH, Norderstedt Germany
ISBN: 978-3-656-82404-6

Dieses Buch bei GRIN:

http://www.grin.com/de/e-book/282835/auf-phaenomenologien-und-computerges-
tuetzten-funktionshypothesen-basierende

GRIN - Your knowledge has value

Der GRIN Verlag publiziert seit 1998 wissenschaftliche Arbeiten von Studenten, Hochschullehrern und anderen Akademikern als eBook und gedrucktes Buch. Die Verlagswebsite www.grin.com ist die ideale Plattform zur Veröffentlichung von Hausarbeiten, Abschlussarbeiten, wissenschaftlichen Aufsätzen, Dissertationen und Fachbüchern.

Besuchen Sie uns im Internet:

http://www.grin.com/

http://www.facebook.com/grincom

http://www.twitter.com/grin_com

Auf Phänomenologien und computergestützten Funktionshypothesen basierende Produktentwicklung
Phenomenology driven Product development

Beitrag zu computergestützten Vorgehensweisen im Engineering Design

Michael Dienst, Berlin 2014

Auch und gerade im Engineering Design bedarf es aktuell der Entwicklung von Methoden, Vorgehensweisen und Instrumenten, die den industriellen Produktentwicklungsprozess unterstützen. Daran besteht keinerlei Zweifel. Das Lehrgebiet und Arbeitsfeld des *Engineering Designs*[1] suggeriert nicht Wenigen (Unbeteiligten) eine Art „Maschinenbau Light", was aber inhaltlich und formal den Kern dieser Profession nicht trifft. Engineering Design bedient, aufbauend auf eine entsprechende Diagonalbegabung der Akteure, den Übergangsbereich Technischen Designs zum klassischen, methodenbasierten Maschinenbau. Nicht zuletzt versteht man im englischsprachigen Raum unter *Engineering Design* das Fach-Wissens- und Forschungsgebiet der Konstruktionstechnik, bzw. des *Conceptual Design* [Fren-99] im Sinne der *Berliner Schule* des methodischen Konstruierens [PaBe-93]. Im Vordergrund des Engineering Designs stehen deshalb traditionelle Produktentwicklungsverfahren, die alle Fragestellungen betreffen, mit denen möglichst Informationen erarbeitet werden, die für das Konzept, den Entwurf und die Erstellung von Fertigungsunterlagen eines Produkts notwendig sind, bis hin zur Einführung der technischen Artefakte in den Markt.

In der Alltagspraxis des Technischen Design taucht aber gelegentlich das Problem auf, dass gerade die hochkomplexen, teilweise bis an die Grenze des physikalisch Machbaren optimierten Prozesse und Bauweisen der zu entwickelnden Artefakte sich einer unmittelbaren Weiterentwicklung dadurch entziehen, dass Informationen über die Erarbeitung der signifikanten physikalischen Grundlagen oftmals außerhalb der Reichweite des Designers liegen. Dieser ist dann allzu oft geneigt, die physikalischen, chemischen oder informationstechnischen Ursachen des Funktionierens eigener, konkurrierender oder vorgehender Produkte schlichtweg zu ignorieren oder ist – in einem günstigen Fall - aufgefordert zunächst eine vage Aussage, eine Funktionsvermutung oder eine physikalische Phänomenologie zu bemühen, um auf der Basis einstweilen kühner physikalischer Modelle Lösungsprinzipien zu erarbeiten mit dem Ziel, die Entwicklung des Produktes oder des Prozesses effizient voranzutreiben. Diesen, oftmals auf fragwürdigem Wissen aufbauenden Gestaltungsprozess möchte ich in diesem Aufsatz eine „auf Phänomenologien basierende Produktentwicklung (Phenomenology driven Product development)" nennen. Kern eines „physikalischen Modells" das dem Gestaltungsprozess neuer Produkte zu Grunde liegen soll ist, zumindest in der phänomenologischen Variante, ist eine Funktionshypothese, die es dann zu bestätigen oder zu entkräften gilt. Welche Rolle dabei den heute einem Designer zur Verfügung stehenden Computermodellen zukommt, soll Gegenstand meiner Ausführungen sein.

ERSTE PHYSIKALISCHE MODELLE

Produktentwicklung beginnt am Fluss. Leonardo Da Vinci[2] hatte ein sehr effizientes Verfahren, die Entwicklung von Maschinen, Gerät oder Waffen einzuleiten. Unsere moderne Güter- und Gestalter-Welt hält in mahnender Absicht für diese fundamentale Produktentwicklungsmethode lediglich den Begriff „Urlaub" bereit. Das ist zu bedauern, denn die Methode ist sehr produktiv. Bestand für Da Vinci der Auftrag darin eine Maschine zu bauen, welche einem Fluid Energie entzieht, nahm dieser sich reichlich Zeit und begab sich an einen Bach. Schaute das Wasser. Spekulierte. Nach ein paar Tagen nahm er Papier und Kohle mit und begann zu zeichnen. Das Ahnen, das sich intuitiv Zusammenreimen physikalischer Zusammenhänge, das „Spekulieren" über die betrachtete Wirklichkeit im Sinne von Wechselwirklichkeit hat seinen begrifflichen Ursprung im Beobachten[3]. Viele seiner (erhaltenen) Skizzen und Zeichnungen mit denen Leonardo seine Beobachtungen dokumentiert, konserviert und übrigens auch mit Handwerkern und (Material-) Händlern kommuniziert, betreffen das Quirlen und Wirbeln um einen Stein, das Fließen und Gurgeln der Strömung an einem Ast, das Stürzen und Schäumen an einem Wehr. Der Methode „Zeichnen" kommt offenbar im Schaffen Leonardos die entscheidende Schlüsselrolle zu. Zeichnen ist – zumindest in seiner „analogen" (nicht computerbasierten) Variante – ein äußerst körperhaftes Tun. Das kommt motorisch veranlagten Naturen zugute, denn man wird besser und besser durch Übung. Mehr noch: Strömungen zeichnen, das Wirbeln, das Quirlen und Schäumen etc. verspricht die Chance und beinhaltet die Option einer intuitiven Begegnung mit der Physik realer Strömungen. Das Wirkprinzip einer fluidischen Maschine steckt manchmal (nein immer) schon in der Linie seiner Umströmung. Genau dies unterschätzen wir in der Hochschulausbildung gerne und verzichten darauf, unsere Design- und Ingenieurnovizen mit einem Zeichenblock an einen Bach zu setzen. Und: dort kann man auch Wasservögel füttern. Erstaunt es eigentlich niemanden, wie schnell ein Entenküken voranschwimmen kann? Mit einem Foto-Handy (Thema: computerunterstützte Vorgehensweisen … usw.) ermitteln wir eine Fluchtgeschwindigkeit von etwa 1,7 [m/s], was etwa dem vierfachen der „theoretischen Rumpfgeschwindigkeit" eines Entenkükens entspricht; auch Rallen sind schnell unterwegs [Die-11]. Vielleicht nicht ganz zufällig in der mediteranen Tradition des kongenialen Leonardos wirkend ist Fabio Taglioni[4] zu nennen, ebenfalls ein Großmeister der Konstruktionszeichnung als Kommunikationsmittel und Valenzebene einzuarbeitender physikalischer Modelle.

Spätestens hier, auf der Ebene und im Reigen einer Welt aus Phänomenologien[5], löst die wissenschaftliche (quantitative) Analyse die gemütliche (qualitative) Beobachtung in der Natur ab, werden vom Betrachter fundierte Kenntnisse der Mathematik, Mechanik und Thermo- Fluiddynamik abgefragt, stellen der professionelle Umgang mit physikalischen Ähnlichkeitsgesetzen und die Dimensionsanalyse das Rüstzeug und die Grundausstattung des Daten erhebenden Naturbeobachters für das wissenschaftliche Arbeiten. Lassen sich die Dimensionsbetrachtungen und die Similarität [Die-12] spezieller einzelner fluidmechanischer Ereignisse noch auf einem Blatt Papier, mit Rechenschieber oder einem (Supermarkt-) Taschenrechner bearbeiten, so machen Daten in statistisch relevanter Größenordnung Matrizenverfahren, Kenntnisse über Numerik, den Einsatz von Hard- und Software, etwa Computeralgebra-Systeme (CAS) und den sicheren

Zugang zu und den professionellen Umgang mit leistungsfähigen Program-mierumgebungen erforderlich. Dies alles mit dem Ziel, Realität in Modellen einer physikalischen (Wechsel-) Wirklichkeit darzustellen. Eine Lösungskompetenz für derartige Aufgaben ist leider nur grundständig zu erwerben. So sind wir bei unseren Betrachtungen an einem Punkt angelangt, an dem eine Gestaltungsabsicht Begabungen abfragt, Instrumentarien benötigt und methodische Herangehens-weisen fordert, die über eine rein qualitative Naturbeobachtung - mit Bleistift und Botanisiertrommel, quasi - hinausgeht. Gleichzeitig ist für einen Designer die Auseinandersetzung mit Gestaltungsaufgaben ohne eine ausgeprägte Liebe zur Narration nicht zu haben.

INDUSTRIELLE PRODUKTENTWICKLUNG

Produktentwicklungsmethoden betreffen Fragestellungen, mit denen die Informationen erarbeitet werden, die für das Konzept, den Entwurf und die Nutzung eines Produkts notwendig sind [PaBei-93]. Strategien, Methoden und Verfahren für die Entwicklung industrieller Produkte unterscheiden sich nach Branchen, Art und Typ der Produkte, weisen aber gemeinsame Grundstrukturen auf (Abbildung 1.) Ein übergeordneter Strategieparameter ist dabei die „Gestaltungsabsicht (Design Intent)", die den gesamten Produktentwicklungs-prozess, von der Ideenfindung, über den Entwurf, die Konstruktion und die industrielle Fertigung, bis hinein in die Produktbetreuung am Markt klammert. Insbesondere in der traditionellen heimischen, über Jahre und Jahrzehnte ausentwickelten industriellen Entwicklungspraxis sind am Problem orientierte Herangehensweisen von branchenspezifischen haus- und firmentradierten Individuallösungen gekennzeichnet. Im englischsprachigen Raum werden außerdem gerne die am Produkt orientierten Entwicklungsszenarien von den Problemorientierten, wie sie Gegenstand der einschlägigen VDI-Richtlinien sind, unterschieden [VDI-R 2221][VDI-R 2222][VDI-R 6220][Fren-99].

Gemeinsam ist den problemorientierten und produktorientierten Entwicklungs-prozessen eine Grund-struktur mit den Elementen:

- Aufgabenbeschreibung und Definition der Entwicklungsziele
- Konzepterstellung
- Erarbeitung von (Produkt-) Entwürfen
- Konstruktion, im Sinne der „Erstellung von Fertigungsunterlagen"
- Fertigung
- Vertrieb und Produktbetreuung am Markt.

Dabei schließt der Gestaltungsprozess sowohl praktische, als auch ästhetische Aspekte ein. Der Datenfluss in Produktentwicklungsprozessen wird heute von hochentwickelten Computersystemen (Hard- und Software) erzeugt, geordnet und genutzt. Der Begriff „Computer Aided Engineering[6], CAE" fasst die Möglichkeiten der Computerunterstützung von Produktentwicklungsprozessen zusammen.

Im Zusammenhang mit *Engineering Design* seien einige Elemente des CAE genannt:

- Rechnerunterstützte Konstruktion (Computer Aided Design, CAD)
- Mehrkörpersimulation (MKS)
- Mechanische Beanspruchung von Bauteilen und Baugruppen (FEM)
- Strömungssimulationen (Computational Fluid Dynamics, CFD)
- Fluid- Struktur- Wechselwirkung (Fluid Structure Interaction, FSI)
- Ein-, Ausbau- und Kollisionsprüfungen (Digital Mock-Up, DMU)

... des Weiteren

- NC-Programmierung und NC-Simulation (CAM) und Fertigungsprozess-simulationen (Computer Aided Process Engineering, CAPE).

PHYSIKALISCHE MODELLE FÜR FUNKTIONSHYPOTHESEN

Zur Erstellung physikalischer Modelle und der Simulation der Bauteilwirklichkeit sind MKS, FEM, CFD und auf Laborebene FSI bereits etablierte Verfahren [Kreb-08]. In der verallgemeinerten Dramaturgie der methodischen Produkterstellung liefern dann erste Studien über kinematische Beziehungen zwischen Bauteilen Entscheidungsgrundlagen für Funktionshypothesen zur Erstellung konkurrieren-der Konzepte. Viele struktur- und fluidmechanische Effekte werden in vereinfachenden Modellvorstellungen, vermittelt durch MKS, FEM und CFD erst sichtbar. Durch eine Untergliederung in Teilsysteme werden von Ein- und Ausgangsgrößen zu überschreitenden Systemgrenzen festgelegt und das Zusammenspiel von Energie-, Materie- und Informationsfluss beschrieben.
Legt man eine generalisierte Vorgehensweise, etwa die der oben zitierten VDI-Richtlinien zu Grunde, lassen sich die *Physikalischen Modelle* in erster Linie in der *Frühen Phase* der industriellen Produktentwicklung (*Konzept*), dem *Entwurf* und der *Konstruktion* verorten.

Frühe Phase. Das Konzept als Element methodischen Vorgehens bei der Entwicklung neuer Produkte und Verfahren soll neutral sein gegenüber der angestrebten Lösung. Bei stationären Vorgängen genügt die Bestimmung der Eingangs- und Ausgangsgrößen, bei zeitlich sich verändernden instationären Vorgängen ist darüber hinaus die Simulationsaufgabe transient zu beschreiben. Die physikalischen Modelle werden nun zu einem Wissensvorrat, ja zu einem Argumentegenerator, für eine spezifische, auf das zu entwickelnde Produkt zielende Funktionshypothese.

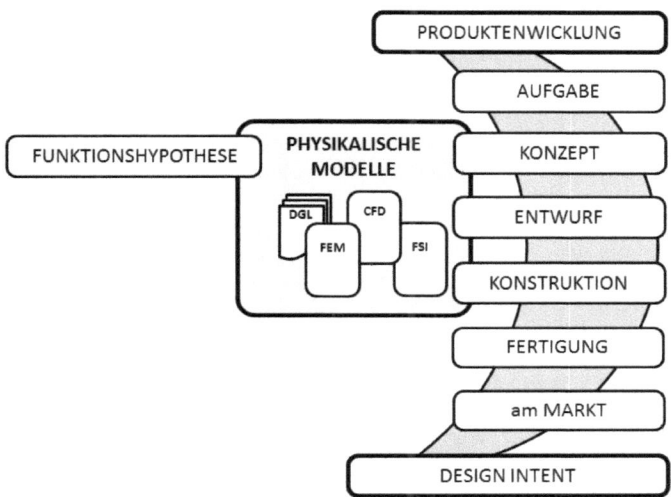

Abb. 1:   Funktionshypothese und industrielle Produktentwicklung.

Grundsätzlich soll für Funktionshypothesen gelten:

- Die Funktionshypothese benennt die an einem Artefakten oder an einem biologischen System vermuteten physikalischen, chemischen, energie- und informationstransformierenden Phänomene. Grundlage einer Funktionshypothese kann die Phänomenologie eines beobachteten Effekts sein (*Schlüsselbegriffe sind: Energiewandel, Gestaltwandel, Informationsverarbeitung, Stoffwechsel im Sinne chemischer Transformation*).

- Funktionen technischer Systeme und Teilfunktionen ihrer Subsysteme werden durch naturale Wirkungszusammenhänge[7] realisiert, die bekannten oder noch nicht bekannten physikalischen Naturgesetzen unterliegen. Nach Luhmann[8] sei *Technik* eine „funktionierende Simplifikation im Medium der Kausalität"[9]

- Beim Abstrahieren zum Erkennen von Funktionen soll vom individuellen und Zufälligen abgesehen werden und versucht werden das Wesentliche und allgemein Gültige durch Analyse der (Anforderungsliste) der Notwendigkeiten, der Bestimmungen usw. zu erkennen. Eine solche Verallgemeinerung lässt den Wesenskern einer Aufgabe hervortreten.

Dabei ist es zunächst nicht wesentlich zu wissen, durch welche technische Lösung eine solche Funktion erfüllt wird. Die Funktion wird damit zu einer Formulierung der Aufgabe auf abstrakter und lösungsneutraler Ebene.

Das computerunterstützte Physical Modeling (MKS, FEM, CFD, FSI) stellt in der Frühen Phase der industriellen Produktentwicklung dadurch Entscheidungsgrundlagen bereit, dass Parameterstudien qualitative Vorstellungen und erste quantitative Aussagen herstellen und visualisieren. Nun können zum Erfüllen der Gesamtfunktion die Wirkprinzipien der Teilfunktionen zu einer Kombination verknüpft werden. Das führt zur Wirkstruktur einer Lösung, in der das Zusammenwirken mehrerer Wirkprinzipien erkennbar wird und das Lösungsprinzip zum Erfüllen der Gesamtaufgabe angegeben werden kann.

Entwurf und Konstruktion. Die Verbindung von Programmsystemen zur Zeichnungserstellung (CAD) und Simulationsprogrammen (CAD und FEM) sind Stand der Technik. Allerdings herrschen immer noch große Unterschiede in der Art der Kopplung. Bei projektbasierten Verknüpfungen bilden CAD-Systeme die organisatorische Basis von der aus die Daten in das Berechnungsprogrammsystem „verschoben" werden (müssen). Die Verluste an Informationen über Form und Funktion der anvisierten technischen Konstruktion stellen nicht selten ein Problem dar. Eine Lösung stellt die Initial Graphics Exchange Specification (IGES) bereit, die ein neutrales herstellerunabhängiges Datenformat definiert, welches dem digitalen Austausch von Informationen zwischen CAE-Programmen dient.

Der Trend geht heute eindeutig zu CAD-Systemen mit fest verdrahteten physikalischen Modellen die es gestatten, Baugruppen zu animieren, Bewegungsabläufe zu simulieren und mit integrierter Festigkeitsberechnungsfunktion Bauteilbelastungen schon während der Konstruktion zu analysieren. Dem Konstrukteur und dem Designer wachsen in Zukunft Kompetenzen zu, die vor einigen Jahren dem speziell ausgebildeten Berechnungsingenieur vorbehalten waren; das ist ein bemerkenswerter Wandel. Für die konstruktionsbegleitende Berechnung bieten mehrere Softwareentwickler Produkte an, die sich intuitiv bedienen und nahtlos in alle gängigen CAD-Programme integrieren lassen.

Die Anwendung von Physical Modelling- und Simulationssoftware nimmt in den naturwissenschaftlichen und ingenieurwissenschaftlichen Berufsfeldern einen zunehmend größeren Anteil ein (organisatorisch, zeitlich und Kosten). In klassischen maschinenbaubetonten Produktentwicklungsmethodiken, etwa der VDI-R 2221, werden bereits in der frühen Phase Wirkprinzipien und Funktionsmodelle nachgefragt; sie geben erste Auskünfte über Form und Art, Abmessungen, Anordnung und Anzahl der Gestaltungselemente eines frühen Entwurfs und bilden Entscheidungsgrundlagen für die weitere Entwicklung.

In der frühen Phase der industriellen Produktentwicklung erfolgt die konzeptionelle Festlegung, das (neutrale) Funktionsprinzip und in der Entwurfsphase die ersten gestalterischen Festlegungen.

Für eine tragfähige Funktionshypothese benötigen wir also eine ganze Schar von computergestützten, physikalischen Modellen:

- Beanspruchungsmodelle:
  zur Klärung des Bauteilverhaltens bei äußerer Beanspruchung (statisch, dynamisch, Schwingung, isolierte Kräfte).

- Verformungs- und Funktionsmodelle
  zur Klärung des Bauteilverhaltens hinsichtlich Kinematik, Dynamik, thermisches, elektrisches und chemisches Verhalten.

- Strömungsmodelle:
  zur Klärung der fluidmechanischen Eigenschaften (Innen- und Außen-strömung) inklusive des thermischen, elektrischen und chemischen Verhaltens.

- Prozessmodelle:
  Insbesondere in der Verfahrens- und Handhabungstechnik. Zur Klärung des Verhaltens von Stückgut, Schüttgut, Fluiden in Maschinen und Anlagen und der Umströmung von Bauteilen, Baugruppen und ganzen Produkten im Anwendungsfeld.

- Ergonomiemodelle:
  zur Klärung von Handhabung, Montage, Bedienung und Nutzungsszenarien im Anwendungsfeld.

- Anmutungen:
  Nichtskalierte Anschauungsmodelle zur Vermittlung eines realistischen Eindrucks über die visuellen und haptischen Eigenschaften des späteren Produkts.

COMPUTERUNTERSTÜTZTE PHYSIKALISCHE MODELLIERUNG

Aus der Sicht des Engineering Design ist zunächst folgender Trend interessant: Die Entwickler hochperformanter Berechnungs- und Simulations-software nähern sich von ihrem Kerngeschäft aus der Lösung des Problems des Datenverlustes beim digitalen Austausch von Informationen. Die Berechnungs-programme (etwa FEM- und CFD- Solver) werden dabei mit leistungsstarken parametrischen Geometrie-Modelierern ausgerüstet. Dies hat zur Folge, dass sich der Gestaltungsprozess förmlich umdreht: Aus dem Berechnungsergebnis auf der Grundlage der FEM- oder/und CFD- Software wird zukünftig Form, Geometrie und auch Funktion abgeleitet werden. Der Weg wird frei zu einer „automatisierten" Gestalten-twicklung, sobald der Prozess in einer „geeigneten Umgebung" stattfindet derart, dass die Gestaltungsparameter des CAD-Modelers zu den Objektvariablen einer Optimierungsstrategie werden. Das High-End dieser Konzepte sind freilich Berechnungsprozesse, die auf Algorithmen zur Optimierung hochdimensionaler komplexer fluidischer Systeme zielen, insbesondere der Berechnungen der Verformung elastischer Strömungskörper (FEM) des zugehörigen Strömungsgebietes (CFD) und der Kopplung der Simulation in einem gemeinsamen Ansatz (FSI). Derartige Simulationsmethoden sind bereits in der Erprobung [Kreb-08]. Physikalische Modelle stellen die Entscheidungsgrundlage für die Entwicklung zeitgemäßer Artefakte. Beanspruchungsmodelle dienen der Klärung des Bauteilverhaltens bei äußerer Beanspruchung (statisch, dynamisch, Schwingung, isolierte Kräfte), Verformungs- und Funktionsmodelle zur Analyse des Bauteilverhaltens hinsichtlich Kinematik, Dynamik, thermisches, elektrisches und chemisches Verhalten.

Eigene, in einer einschlägigen modernen Computersprache abgebildete Algorithmen physikalischer Zusammenhänge darstellen zu können, gehört zum Grundrepertoire der Design- und Ingenieurausbildung. Standard sind objektorientierte Beschreibungssprachen für unterschiedlichste physikalische Modelle. Compilersprachen sind verbreitet, gut etabliert (PASCAL[10], C[11], C++) und besitzen eine hohe Universalität. Mit ihnen lassen sich ausführbare Programme erstellen, was für viele Fragestellungen der „frühen Phase" vorteilhaft ist. BASIC bietet dem Entwickler den Vorteil, direkt (als Visual Basic Application, VBA) in gängige Tabellenkalkulationsprogramme (Excel[12], OpenOffice-CALC[13]) eingebunden werden zu können. Computer-Algebra-Systeme (CAS) dienen der schnellen Lösung einfacher bis hochkomplexer Berechnungsaufgaben (MATHEMATICA[14], MAPLE[15]). Moderne Interpretersprachen (zu denen auch BASIC gehört) stellen umfangreiche und Entwicklungsumgebungen zur Verfügung (MATLAB[16], SCILAB[17]) in denen Berechnungsaufgaben auch hoher Komplexität aufbereitet, bearbeitet und auf einfachem Wege graphisch dargestellt werden können. Die darüber hinaus gehende physikalische Modellierung geometrisch komplexer Zusammenhänge gelingt jedoch eher mit kommerziellen Simulationsprogrammen, deren Konzepte hier abschließend angesprochen werden.

Strukturberechnung. Mit der Finite-Elemente-Methode (FEM) werden Probleme aus verschiedenen physikalischen Disziplinen gelöst. Die FEM ist ein numerisches Verfahren zur näherungsweisen Lösung partieller Differentialgleichungen. Idee der Methode ist es, das Berechnungsgebiet in eine beliebig große Anzahl solcher Elemente zu unterteilen (zu diskretisieren) die sich mit einer endlichen Zahl von Parametern beschreiben lassen. Bei Fachwerken bilden Knoten und Stäbe, bei Rahmenkonstruktionen Balken und Balkensegmente die Elemente der Berechnung. FEM-Programmsysteme werden eingesetzt zur Statischen Analyse (linear, nichtlinear), zur impliziten oder expliziten dynamischen Analyse (linear, nichtlinear), zur Modalanalyse, harmonischen und transienten Analyse und zur Beulanalyse (linear dynamisch). In Verbindung mit parametrisierten CAD-Modellen sind Bauteile aus einer FEM- Berechnungskampagne einer Optimierung zugänglich.

Fachwerke und Balkensysteme. In vielen Fällen der Praktischen Anwendung ist eine rasche Überschlagsmäßige Berechnung mit ebenen Fachwerken nach Schnittlasten-verfahren, Matrizenverfahren (RuckZuck[18]) oder einfachen statischen Modellen für eine erste quantitative Aussage völlig ausreichend.

Strömungsberechnung. Die computerunterstützte Strömungsmechanik (computational fluid dynamics, numerische Strömungsmechanik, CFD) zielt darauf, strömungsmechanische Probleme approximativ mit numerischen Methoden zu lösen. Die benutzten Modellgleichungen sind meist die Navier- Stokes-Gleichungen, Euler- oder Potentialgleichungen. Die Idee der CFD ist es, komplexe Fragestellungen der Strömungsmechanik zu bearbeiten, deren Lösungen sehr schnell zu nichtlinearen Problemen führen und nur in Spezialfällen exakt lösbar sind. Verbreitete Lösungsmethoden der CFD sind die Finite- Differenzen- Methode (FDM), die Finite Volumen- (FVM) und die Finite Elemente- Methode (FEM).

Potential-Code. Strömungssimulationsprogramme, die nach der Potentialtheorie arbeiten, stellen einen sehr effektiven Code zur Simulation von Außenströmungen dar (XFOIL[19], FS-Flow[20], Javafoil[21]). Sie arbeiten nach der Potentialtheorie und sind auf der numerischen Ebene so genannte Panel-Codes, die für reibungs- und rotationsfreie Strömungsprobleme angewandt werden. Mit einem Potentiallöser werden die Berechnungszeiten für das Strömungsgebiet extrem (Faktor 1/1000 im Vergleich zu tradierten CFD-Methoden) verkürzt. Potentialcode ist besonders geeignet für die Untersuchungen komplexer Qualitätslandschaften von Strömungsphänomenen, bei denen in möglichst kurzer Zeit eine Vielzahl von Berechnungsiterationen erforderlich sind.

Fluid-Struktur-Wechselwirkung. Das derzeitige High End in der Entwicklung der numerischen Simulationstechnik sind Berechnungsprozesse, die auf die Optimierung hochdimensionaler komplexer fluidischer Systeme zielen. Hierbei werden Berechnungen der Verformung elastischer Strömungskörper (FEM) und des zugehörigen Strömungsgebietes (CFD) in einem gemeinsamen Ansatz gekoppelt: Fluid-Striktur-Interaktion (FSI). Einige Softwareentwickler bieten effiziente Lösungsverfahren sowohl für die uni- wie auch bi-direktionale Fluid-Struktur-Kopplung an. Bei der einseitigen Fluid-Struktur-Kopplung werden meist Drücke und Temperaturen mittels einer Strömungsberechnung ermittelt, die dann einmalig als Belastung an die Strukturmechanik übergeben.

PFC (Particle Flow Code) ist eine auf der Basis der Diskrete Elemente Methode (DEM) arbeitende Software die es ermöglicht, aus den Kontaktkräften zwischen diskreten Elementen (Partikeln) den Bewegungszustand jedes einzelnen Partikels zu errechnen. Der große Vorteil besteht darin, dass als Eingabeparameter nur die vergleichsweise einfach zu bestimmenden Eigenschaften der Partikel, wie z.B. Form und Steifigkeit, erforderlich sind. Die simulierten verfahrenstechnischen Prozesse lassen sich sehr genau beobachten.

Mehrkörpersimulation (MKS) ist eine Methode, bei der reale Körper durch unverformbare Körper abgebildet werden. Zusätzlich wird die Bewegungsfähigkeit der Körper zueinander durch idealisierte kinematische Gelenke vereinfacht. Eine Kinematik wird dadurch charakterisiert, dass jeder Betriebspunkt als Funktion der gegebenen Zwangsbewegung betrachtet wird. Die MKS ist eine sehr grobe Vereinfachung der realen Welt. Um Details eines Systems genauer abzubilden, wird das Verfahren daher oft mit anderen Simulationsverfahren kombiniert (FEM, CFD).

Prozessmodelle. Während mit den oben benannten (klassischen) Simulations-verfahren in erster Linie sehr spezifische geometrische und Wechselwirkungs-modelle für singuläre Berechnungsaufgaben „aufgesetzt" werden, bieten Prozess-modelle Simulationsumgebungen an, in denen modellierte Bauteile einen mit komplexen Randbedingungen ausgestatteten geometrisch- räumlich- zeitlichen Prozess quantitativ beobachtet werden können (MATLAB+SIMULINK[22], SCILAB + XCOS, MODELICA[23], DYMOLA[24]). Die physikalischen Modelle bilden dabei den (beliebig komplexen) Simulationskern des Prozessmodells. Prozessmodelle bieten dadurch die Möglichkeit, unter Variation beispielsweise der Bauteilgeometrie oder unterschiedlicher Randbedingungen physikalische oder prozessuale Szenarien durchzuspielen und vergleichende Studien über konkurrierende Modelle anzu-stellen.

Real-Arbeitsprozessrechnung (RAPR). In der realen (Arbeits- und/oder Kraft-) Prozessrechnung können die Simulationskerne rein numerischer Prozessmodelle durch real gemessene Kennfelder ersetzt sein. Die Real-Arbeitsprozessrechnung stellt somit eine (numerische) Umgebung zu Verfügung, die es gestattet Theorien zu überprüfen oder durch Experimente gewonnene Erkenntnisse sukzessive durch (abgesicherte) Simulationsmodelle zu substituieren. Die Real-Arbeitsprozess-rechnung kommt zur Erarbeitung von Integral- und Mittelwerten bei Bewegungs-prozessen von Fahrzeugsystemen (Geschwindigkeitsvoraussage bei Schiffen) bei (thermisch-mechanischen) verfahrenstechnischen Prozessen oder z.B. im Maschi-nenbau zur Simulation der thermischen, mechanischen und Stoffreaktionsprozesse in Verbrennungskraftmaschinen und unzähligen weiteren Anwendungen zum Einsatz. Über ein umfangreich aussagekräftiges Wechselwirkungs- und Prozess-modell zu verfügen, ist oftmals das Entwicklungsmotiv für einen Simulations-modellaufsatz.

Rapid Prototyping (RP). An Bedeutung gewinnen gegenständliche Modelle die mit Rapid Prototyping-Verfahren direkt aus den CAD-Datenbeständen generiert werden können. Experimentieren mit gegenständlichen Modellen umfasst das ganze Spektrum sehr einfacher Tests bis hin zu aufwändigen Erprobungen mit Prototypen und Vorläuferprodukten. Gegenständliche Modelle werden beim Entwerfen insbesondere dann eingesetzt, wenn ein funktioneller oder visueller Gesamtein-druck gewonnen werden soll.

Bibliographie und ergänzende Literatur

[Die-12]   Dienst, Mi.(2012) Kennzahl für die Fluid-Struktur-Wechselwirkung. GRIN-Verlag GmbH München, ISBN (Buch): 978-3-656-08838-7, (e-Book): 978-3-656-08872-1

[Die-11]   Dienst, Mi.(2011): Methoden in der Bionik. GRIN-Verlag GmbH München, ISBN (Buch): 978-3-640-92529-2

[Fren-94]   French, M.: Invention and Evolution: design in nature and engineering. Cambridge University Press. Cambridge 1994.

[Fren-99]   French, M.: Conceptual Design for Engineers. Berlin, Heidelberg, New York, London, Paris, Tokio: Springer: 1999

[Gutm-89]   Gutmann, W.: Die Evolution hydraulischer Konstruktionen. Verlag W. Kramer: Frankfurt am Main, 1989.

[Kreb-08]   Krebber, B., Kleinschrodt, H.-D. und Hochkirch, K.: (2008): Fluid-Struktur-Simulation zur Untersuchung intelligenter Mechanik von Fischflossen. ANSYS Conference & 26. CADFEM Users´ Meeting, ISBN-3-937523-06-5

[Nach-98]   Nachtigall, W. : Bionik – Grundlagen und Beispiele für Ingenieure und Naturwissenschaftler. Springer-Verlag, Berlin-Heidelberg-New York 1998.

[Nach-00]   Nachtigall, Werner; Blüchel, Kurt. Das große Buch der Bionik. Stuttgart: Deutsche Verlags Anstalt: 2000.

[Nac-01]   Nachtigall, W. (2001): Biomechanik: Grundlagen Beispiele Übungen Vieweg/Teubner Verlag; Auflage: 2., ISBN-10: 3528139269

[Nach-05]   Nachtigall, W., (2005): Biologisches Design: Systematischer Katalog für bionisches Gestalten Springer; ISBN-13: 978-3540227892

[Pau-11]   Paul, G. & Lee, W. (2011): "Interfacing Jack And Anybody: Towards Anthropometric Musculoskeletal Digital Human Modeling", , pp. 8 pp., 1st International Symposium on Digital Human Modelling, 14-16 June 2011, Université Claude Bernard, Lyon

[PaBe-93]   Pahl. G.; Beitz, W.: Konstruktionslehre, 3.Auflage. Berlin-Heidelberg- New York-London-Paris-Tokio: Springer 1993

[Spur-80]   Rechnerunterstützte Zeichnungserstellung und Arbeitsplanung. Carl Hauser Verlag. München, Wien: 1980.

[Rech-94]   Rechenberg, Ingo. Evolutionsstrategie'94. Frommann-Holzoog Verlag. Stuttgart: 1994.

[VDI 2221]   VDI-Richtlinie 2221. Methodik zum Entwickeln und Konstruieren technischer Systeme und Produkte. Düsseldorf: VDI-Verlag 1993.

[VDI 2222]   VDI-Richtlinie 2222. Konzipieren technischer Produkte. Düsseldorf: VDI-Verlag 1982.

[VDI 6220]   VDI-Richtlinie 6220. Bionik – Konzeption und Strategie. Düsseldorf. VDI-Verlag 2012.

[Wein-07]   Weinstein, R. L.(2007): Simulation and Control of Articulated Rigid Bodies, Stanford University, Departement of Computer Science, Diss.

Verweise und Anmerkungen

---

[1] Der Masterstudiengang Engineering Design wird seit 2005 am Industial Design Institut der FH Magdeburg Stendal als konsekutiver Studiengang für Absolventen ingenieurwissenschaftlicher Studiengänge oder Designer angeboten. Der Studiengang Engineering Design ist in seiner Ausrichtung derzeit (2014) einzigartig im deutschsprachigen Raum.

[2] Leonardo da Vinci (* 15. April 1452 in Anchiano bei Vinci; † 2. Mai 1519 auf Schloss Clos Lucé, Amboise; eigentlich *Leonardo di ser Piero*, toskanisch auch *Lionardo*) war ein italienischer Maler, Bildhauer, Architekt, Anatom, Mechaniker, Ingenieur und Naturphilosoph. Er gilt als der berühm-teste Universalgelehrte aller Zeiten.

[3] Spekulation (von lat. *speculari* spähen, beobachten; von einem erhöhten Standpunkt aus in die Ferne spähen) bezeichnet in der Alltagssprache eine Hypothese oder auch eine als unbeweisbar geltende Aussage sowie eine philosophische Denkweise zu Erkenntnissen zu gelangen, indem man über die herkömmliche empirische oder praktische Erfahrung hinausgeht und sich auf das Wesen der Dinge und ihre ersten Prinzipien richtet. Der griechische Begriff "theoria" (Betrachtung) wurde im Lateinischen durch "speculatio" übersetzt und bedeutete gleichzeitig auch "contemplatio".

[4] Fabio Taglioni (* 10. September 1920 in Lugo (RA), Italien; † 18. Juli 2001 in Bologna, Italien) war ein italienischer Motorrad-Konstrukteur. Nach zahlreichen Einzylindern schuf Taglioni die Grundlage zur Entwicklung eines zweizylindrigen V-Motors mit einem in Fahrtrichtung liegenden und einem stehenden Zylinder, der ihm den Ruf eines genialen Konstrukteurs einbrachte und für Ducati typisch wurde.

[5] Die Phänomenologie (von altgriechisch φαινόμενον *phainómenon* ‚Sichtbares', ‚Erscheinung' und λόγος *lógos* ‚Rede', ‚Lehre') ist eine philosophische Strömung, die in den ersten Jahrzehnten des 20. Jahrhunderts geprägt wurde, deren Vertreter den Ursprung der Erkenntnisgewinnung in unmittelbar gegebenen Erscheinungen, eben den Phänomenen sehen. Die formalen Beschreibungen der Phänomene geben grundsätzlich den Anspruch aller phänomenologischen Ansätze wieder.

[6] Die rechnergestützte Entwicklung (englisch *computer-aided engineering, CAE*) umfasst alle Varianten der Rechner-Unterstützung von Arbeitsprozessen in der Technik.

[7] W. Brian Arthur definiert als Quintessenz von „Technik" die Fähigkeit des „capturing pheno-mena", d.h. die Kapselung von zuverlässig beherrschten kausalen Wirkungsmechanismen

[8] Die Systemtheorie nach Niklas Luhmann ist eine soziologische Theorie, durch die Gesellschaft als ein umfassendes soziales System, das alle anderen sozialen Systeme in sich einschließt, beschrie-ben und erklärt wird. Die soziologische Systemtheorie gilt als Hauptwerk Luhmanns.

[10] Die Programmiersprache Pascal wurde von Niklaus Wirth an der ETH Zürich im Jahr 1971 als Lehrsprache eingeführt, um strukturierte Programmierung zu lehren.

[11] C ist eine imperative Programmiersprache, die der Informatiker Dennis Ritchie in den frühen 1970er Jahren an den Bell Laboratories für die Systemprogrammierung des Betriebssystems Unix entwickelte.
C++ ist eine von der ISO genormte Programmiersprache. Sie wurde ab 1979 von Bjarne Stroustrup bei AT&T als Erweiterung der Programmiersprache C entwickelt.

[12] Excel gehört zur Microsoft-Office-Suite und ist sowohl für Microsoft Windows als auch für Mac OS verfügbar. Excel entstand als Nachfolger von Microsoft Multiplan. Die aktuelle Version ist für Windows *Microsoft Excel 2013* und für Mac OS *Microsoft Excel 2011*.

[13] Apache OpenOffice (vormals OpenOffice.org) ist ein freies Office-Paket, das aus einer Kombination verschiedener Programme zur Textverarbeitung, Tabellenkalkulation, Präsentation und zum Zeichnen.

[14] Mathematica ist ein kommerzielles Softwarepaket des Unternehmens Wolfram Research

[15] Maple (mathematical manipulation language) ist ein englischsprachiges Computeralgebrasystem (CAS) für Algebra, Analysis, diskrete Mathematik und Numerik.

[16] MATLAB ist eine kommerzielle Software des Unternehmens The MathWorks, Inc. zur Lösung mathematischer Probleme und zur grafischen Darstellung der Ergebnisse.

[17] Scilab ist ein umfangreiches, leistungsfähiges und freies Software-Paket für Anwendungen aus der numerischen Mathematik entwickelt am Institut national de recherche en informatique et en automatique (INRIA) in Frankreich.

[18] RuckZuck wurde als Lehrprogramm für den Statikunterricht am Institut für Baustatik der TU-Graz entwickelt.

[19] XFOIL is an interactive program for the design and analysis of subsonic isolated airfoils.

[20] FS-Flow ist ein universaler Potentialcode nach dem Panelverfahren der Firma FutureShip GmbH in Potsdam, D.

[21] MH *JavaFoil*. *JavaFoil* is a free program that enables you to perform airfoil analysis.

[22] Simulink ist eine Software des Herstellers *The MathWorks* zur Modellierung von Systemen (technisch, physikalisch, finanzmathematisch).

[23] Modelica ist eine objektorientierte Beschreibungssprache für physikalische Modelle

[24] Dymola is a commercial modeling and simulation environment based on the open <u>Modelica</u> modeling language.

Präsentationsunterlagen zu Unterrichtszwecken

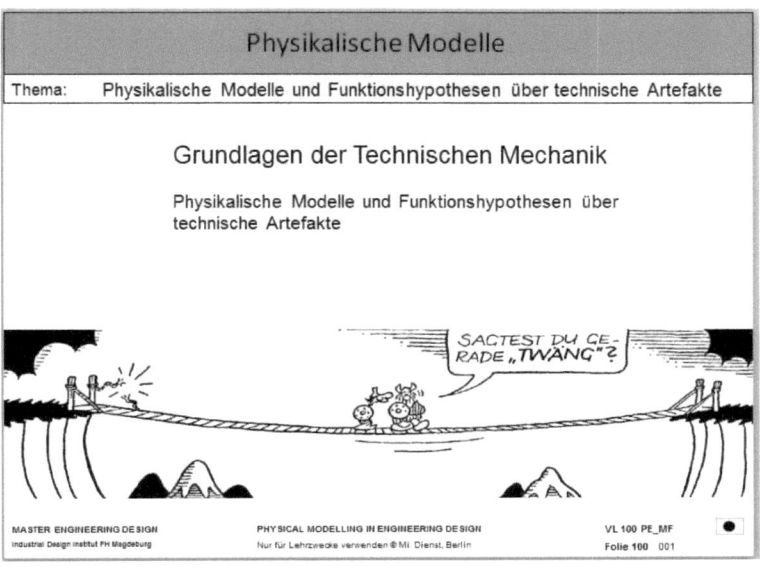

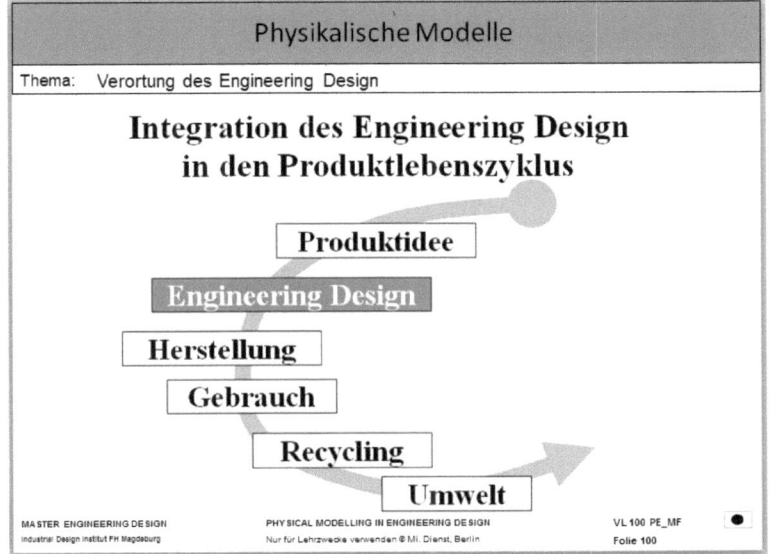

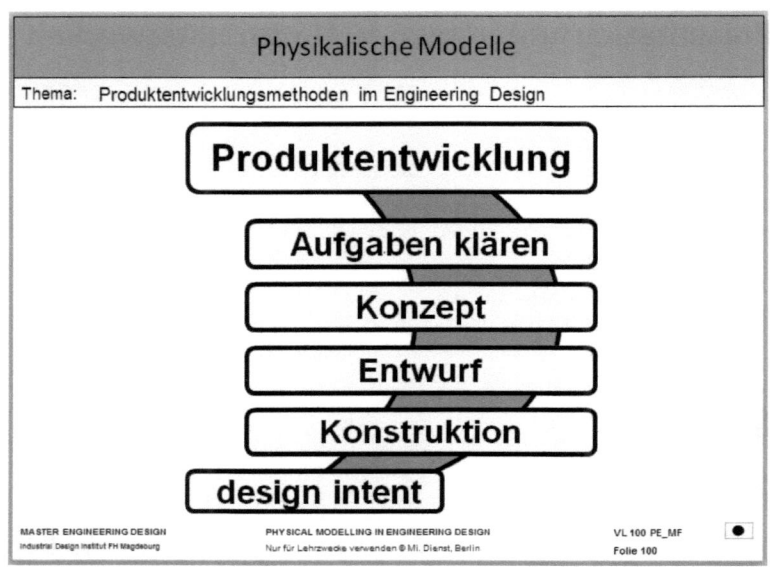

Physikalische Modelle

Thema: Produktentwicklungsmethoden im Engineering Design

Produktentwicklung

Aufgaben klären

Konzept

Entwurf

Konstruktion

design intent

MASTER ENGINEERING DESIGN	PHYSICAL MODELLING IN ENGINEERING DESIGN	VL 100 PE_MF
Industrial Design Institut FH Magdeburg	Nur für Lehrzwecke verwenden © Mi. Dienst, Berlin	Folie 100

Physikalische Modelle

Thema: Hauptphasen einer Produktentwicklungsmethode

Hauptphasen	Arbeitsergebnisse
Planen und Klären der Aufgabe	→**Informative Festlegung** → Anforderungsliste
Konzipieren	→**Prinzipielle Festlegung** → prinzipielle Lösung
Entwerfen	→**gestalterische Festlegung** → vorläufiger Entwurf
Ausarbeiten	→**Fertigungstechn. Festlegung** → Produktdokumentation

MASTER ENGINEERING DESIGN	PHYSICAL MODELLING IN ENGINEERING DESIGN	VL 100 PE_MF
Industrial Design Institut FH Magdeburg	Nur für Lehrzwecke verwenden © Mi. Dienst, Berlin	Folie 100

Physikalische Modelle

Thema: Die „Frühe Phase" im Produktentwicklungsprozess / Element Lastenheft.

Hauptphasen des allgemeinen Lösungsprozess

Planen und Klären der Aufgabe

Konzipieren

Arbeitsergebnis

Lösungsprinzip, Produktmodell

Entwerfen

Ausarbeiten

MASTER ENGINEERING DESIGN
Industrial Design Institut FH Magdeburg

PHYSICAL MODELLING IN ENGINEERING DESIGN
Nur für Lehrzwecke verwenden ® MI. Dienst, Berlin

VL 100 PE_MF
Folie 100

Physikalische Modelle

Thema: Die „Frühe Phase" im Produktentwicklungsprozess / Element Lastenheft.

Hilfen beim Erstellen einer Anforderungsliste
Merkmalliste:

Geometrie, Kinematik,
Kräfte, Energie, Stoff, Signal,
Sicherheit, Ergonomie,
Fertigung, Qualitätskontrolle,
Montage, Transport,
Gebrauch, Instandhaltung, Recycling,
Kosten, Termine

MASTER ENGINEERING DESIGN
Industrial Design Institut FH Magdeburg

PHYSICAL MODELLING IN ENGINEERING DESIGN
Nur für Lehrzwecke verwenden ® MI. Dienst, Berlin

VL 100 PE_MF
Folie 100

Physikalische Modelle

Thema: Checkliste zum Erstellen einer Anforderungsliste:

Aspekt	konkret:
Geometrie	Größe, Höhe, Breite, Anzahl, Anordnung, Anschluss, Erweiterung
	Kinematik Bewegungsart und –richtung, Geschwindigkeit, Beschleunigung
Kräfte	Kraftgröße, Richtung, Häufigkeit, Gewicht, Last, Verformung, Stabilität
Energie	Leistung, Wirkungsgrad, Zustandsgrößen wie Druck, Temperatur,
	Feuchtigkeit, Arbeitsaufnahme
Stoff	Physikalische und chemische Eigenschaften von Ein- und Ausgang,
	vorgeschriebene Werkstoffe
Signal	Ein- und Ausgangssignale, Anzeigeart, Überwachungsgeräte
	Sicherheit Unmittelbare Sicherheitstechnik, Schutzsysteme, Umweltsicherheit
Ergonomie	Mensch-Maschine-Beziehung, Bedienung
	Fertigung Verfügbare Verfahren, größte Abmessungen, bevorzugte Verfahren
Kontrolle	Mess- und Prüfmöglichkeit, besondere Vorschriften
Montage	Besondere Vorschriften, Baustellenmontage, Fundamentierung
	Transport Begrenzungen durch Hebezeuge, Transportwege, Versandbedingungen
	Gebrauch Geräuscharmut, Verschleißrate, Einsatzort
Instandhaltung	Wartungsvorschriften, Austausch, Säuberung
	Recycling Wiederverwendung, Wiederverwertung, Entsorgung, Endlagerung
Kosten	Max. zulässige Herstellkosten, Werkzeugkosten, Investitionen
Termine	Ende der Entwicklung, Milestones, Lieferzeit

Physikalische Modelle

Thema: Funktionshypothesen auf der Basis physikalischer Modelle.   SATZ 1

Funktionen technischer Systeme und Teilfunktionen
ihrer Subsysteme werden durch **naturale**
Wirkungszusammenhänge realisiert,
die bekannten oder noch nicht bekannten
physikalischen Naturgesetzen unterliegen. [1]

Nach Luhmann [2] sei Technik eine „funktionierende
Simplifikation im Medium der **Kausalität**"

[1] W. Brian Arthur definiert als Quintessenz von „Technik" die Fähigkeit des „capturing phenomena",
d.h. die Kapselung von zuverlässig beherrschten kausalen Wirkungsmechanismen
[2] Die Systemtheorie nach Niklas Luhmann ist eine soziologische Theorie, durch die Gesellschaft als
ein umfassendes soziales System, das alle anderen sozialen Systeme in sich einschließt,
beschrieben und erklärt wird. Die soziologische Systemtheorie gilt als Hauptwerk Luhmanns.

Physikalische Modelle

Thema: Funktionshypothesen auf der Basis physikalischer Modelle. SATZ 2

Die Funktionshypothese benennt die an einem
   Artefakten oder an einem biologischen System
   vermuteten **physikalischen, chemischen,
   energie- und information**stransformierenden
   Phänomene.

Grundlage einer Funktionshypothese kann die
   Phänomenologie eines beobachteten Effekts
   sein.

*(Schlüsselbegriffe sind: Energiewandel, Gestaltwandel, Informations-
   verarbeitung, Stoffwechsel im Sinne chemischer Transformation).*

MASTER ENGINEERING DESIGN   PHYSICAL MODELLING IN ENGINEERING DESIGN   VL 100 PE_MF
Industrial Design Institut FH Magdeburg   Nur für Lehrzwecke verwenden © Mi. Dienst, Berlin   Folie 100

Physikalische Modelle

Thema: Funktionshypothesen auf der Basis physikalischer Modelle. SATZ 3

Beim **Abstrahieren** zum Erkennen von Funktionen
   soll vom individuellen und Zufälligen abgesehen
   und versucht werden das **Wesentliche** und
   allgemein Gültige durch Analyse der
   (Anforderungsliste) der Notwendigkeiten, der
   Bestimmungen usw. zu erkennen. Eine solche
   Verallgemeinerung lässt den **Wesenskern**
   einer Aufgabe hervortreten.

MASTER ENGINEERING DESIGN   PHYSICAL MODELLING IN ENGINEERING DESIGN   VL 100 PE_MF
Industrial Design Institut FH Magdeburg   Nur für Lehrzwecke verwenden © Mi. Dienst, Berlin   Folie 100

Physikalische Modelle

Thema: Verortung der Physikalischen Modelle

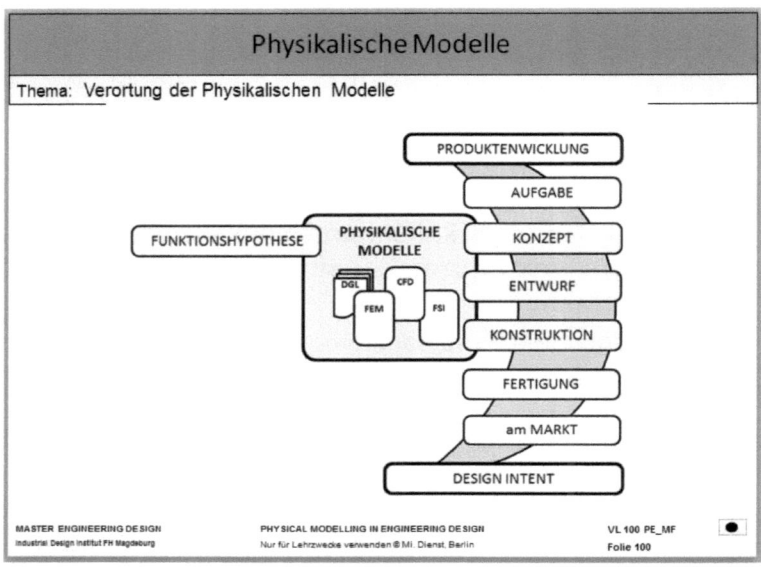

MASTER ENGINEERING DESIGN
Industrial Design Institut FH Magdeburg

PHYSICAL MODELLING IN ENGINEERING DESIGN
Nur für Lehrzwecke verwenden © Mi. Dienst, Berlin

VL 100 PE_MF
Folie 100

Physikalische Modelle

Thema: Verortung der Physikalischen Modelle

Die Anwendung von **Physical Modelling** nimmt in gestaltungsbetonten Berufsfeldern einen zunehmend größeren Anteil ein.

In klassischen maschinenbaubetonten Produktentwicklungsmethodiken, etwa der **VDI-R 2221, werden bereits in der frühen Phase** Wirkprinzipien und Funktionsmodelle nachgefragt

MASTER ENGINEERING DESIGN
Industrial Design Institut FH Magdeburg

PHYSICAL MODELLING IN ENGINEERING DESIGN
Nur für Lehrzwecke verwenden © Mi. Dienst, Berlin

VL 100 PE_MF
Folie 100

Physikalische Modelle

Thema: Physikalische Modelle und Funktionshypothesen über technische Artefakte

- Beanspruchungsmodelle:

zur Klärung des Bauteilverhaltens bei äußerer
Beanspruchung (statisch, dynamisch,
Schwingung, isolierte Kräfte).

MASTER ENGINEERING DESIGN
Industrial Design Institut FH Magdeburg
PHYSICAL MODELLING IN ENGINEERING DESIGN
Nur für Lehrzwecke verwenden © Mi. Dienst, Berlin
VL 100 PE_MF
Folie 100

Physikalische Modelle

Thema: Physikalische Modelle und Funktionshypothesen über technische Artefakte

- Verformungs- und Funktionsmodelle

zur Klärung des Bauteilverhaltens hinsichtlich
Kinematik, Dynamik, thermisches, elektrisches
und chemisches Verhalten.

MASTER ENGINEERING DESIGN
Industrial Design Institut FH Magdeburg
PHYSICAL MODELLING IN ENGINEERING DESIGN
Nur für Lehrzwecke verwenden © Mi. Dienst, Berlin
VL 100 PE_MF
Folie 100

Physikalische Modelle

Thema: Physikalische Modelle und Funktionshypothesen über technische Artefakte

- Strömungsmodelle:

zur Klärung der fluidmechanischen
    Eigenschaften (Innen und Außenströmung)
    inklusive des thermischen, elektrischen und
    chemischen Verhaltens.

MASTER ENGINEERING DESIGN
Industrial Design Institut FH Magdeburg
PHYSICAL MODELLING IN ENGINEERING DESIGN
Nur für Lehrzwecke verwenden © Mi. Dienst, Berlin
VL 100 PE_MF
Folie 100

Physikalische Modelle

Thema: Physikalische Modelle und Funktionshypothesen über technische Artefakte

- Prozessmodelle:

Insbesondere in der Verfahrens- und
    Handhabungstechnik. Zur Klärung des
    Verhaltens von Stückgut, Schüttgut, Fluiden in
    Maschinen und Anlagen und der Umströmung
    von Bauteilen, Baugruppen und ganzen
    Produkten im Anwendungsfeld.

MASTER ENGINEERING DESIGN
Industrial Design Institut FH Magdeburg
PHYSICAL MODELLING IN ENGINEERING DESIGN
Nur für Lehrzwecke verwenden © Mi. Dienst, Berlin
VL 100 PE_MF
Folie 100

Physikalische Modelle

Thema: Physikalische Modelle und Funktionshypothesen über technische Artefakte

- Ergonomiemodelle:

zur Klärung von Handhabung, Montage,
Bedienung und Nutzungsszenarien im
Anwendungsfeld.

Physikalische Modelle

Thema: Physikalische Modelle und Funktionshypothesen über technische Artefakte

- Anmutungen:

Anschauungsmodelle zur Vermittlung eines
realistischen Eindrucks über die visuellen und
haptischen Eigenschaften des späteren Produkts.

Physikalische Modelle

Thema: COMPUTERUNTERSTÜTZTE PHYSIKALISCHE MODELLIERUNG

- Standard sind objektorientierte Beschreibungssprachen für unterschiedlichste physikalische Modelle. Compilersprachen sind verbreitet, gut etabliert (PASCAL[1], C[2], C++) und besitzen eine hohe Universalität. Mit ihnen lassen sich ausführbare Programme erstellen, was für viele Fragestellungen der „frühen Phase" vorteilhaft ist.

- [1] Die Programmiersprache Pascal wurde von Niklaus Wirth an der ETH Zürich im Jahr 1971 als Lehrsprache eingeführt, um strukturierte Programmierung zu lehren.
- [2] C ist eine imperative Programmiersprache, die der Informatiker Dennis Ritchie in den frühen 1970er Jahren an den Bell Laboratories für die Systemprogrammierung des Betriebssystems Unix entwickelte.
- C++ ist eine von der ISO genormte Programmiersprache. Sie wurde ab 1979 von Bjarne Stroustrup bei AT&T als Erweiterung der Programmiersprache C entwickelt.

MASTER ENGINEERING DESIGN
Industrial Design Institut FH Magdeburg
PHYSICAL MODELLING IN ENGINEERING DESIGN
Nur für Lehrzwecke verwenden © Mi. Dienst, Berlin
VL 100 PE_MF
Folie 100

Physikalische Modelle

Thema: COMPUTERUNTERSTÜTZTE PHYSIKALISCHE MODELLIERUNG

BASIC bietet dem Entwickler den Vorteil direkt (als VBA) in gängige Tabellenkalkulationsprogramme (Excel[1], OpenOffice-CALC[2]) eingebunden werden zu können.
[1] Excel gehört zur Microsoft-Office-Suite und ist sowohl für Microsoft Windows als auch für Mac OS verfügbar. Excel entstand als Nachfolger von Microsoft Multiplan. Die aktuelle Version ist für Windows *Microsoft Excel 2013* und für Mac OS *Microsoft Excel 2011*

[2] Apache OpenOffice (vormals OpenOffice.org) ist ein freies Office-Paket, das aus einer Kombination verschiedener Programme zur Textverarbeitung, Tabellenkalkulation, Präsentation und zum Zeichnen.

MASTER ENGINEERING DESIGN
Industrial Design Institut FH Magdeburg
PHYSICAL MODELLING IN ENGINEERING DESIGN
Nur für Lehrzwecke verwenden © Mi. Dienst, Berlin
VL 100 PE_MF
Folie 100

Physikalische Modelle

Thema: COMPUTERUNTERSTÜTZTE PHYSIKALISCHE MODELLIERUNG

Computer-Algebra-Systeme (CAS) dienen der schnellen Lösung einfacher bis hochkomplexer Berechnungsaufgaben.
(MATHEMATICA[1], MAPLE[2]).

[1] Mathematica ist ein kommerzielles Softwarepaket des Unternehmens Wolfram Research

[2] Maple (mathematical manipulation language) ist ein englischsprachiges Computeralgebrasystem (CAS) für Algebra, Analysis, diskrete Mathematik und Numerik.

Physikalische Modelle

Thema: COMPUTERUNTERSTÜTZTE PHYSIKALISCHE MODELLIERUNG

Strukturberechnung.

Mit der Finite-Elemente-Methode (FEM) werden Probleme aus verschiedenen physikalischen Disziplinen gelöst. Die FEM ist ein numerisches Verfahren zur näherungsweisen Lösung partieller Differentialgleichungen.

Physikalische Modelle

Thema: COMPUTERUNTERSTÜTZTE PHYSIKALISCHE MODELLIERUNG

Strömungsberechnung.

Die computerunterstützte Strömungsmechanik (computational fluid dynamics, numerische Strömungsmechanik, CFD) zielt darauf, strömungsmechanische Probleme approximativ mit numerischen Methoden zu lösen. Die benutzten Modellgleichungen sind meist die Navier- Stokes- Gleichungen, Euler- oder Potentialgleichungen.

MASTER ENGINEERING DESIGN
Industrial Design Institut FH Magdeburg

PHYSICAL MODELLING IN ENGINEERING DESIGN
Nur für Lehrzwecke verwenden © Mi. Dienst, Berlin

VL 100 PE_MF
Folie 100

Physikalische Modelle

Thema: COMPUTERUNTERSTÜTZTE PHYSIKALISCHE MODELLIERUNG

Potential-Code.

Strömungssimulationsprogramme, die nach der Potentialtheorie arbeiten, stellen einen sehr effektiven Code zur Simulation von Außenströmungen dar (XFOIL[1], FS-Flow[2], Javafoil[3]). Sie arbeiten nach der Potentialtheorie und sind auf der numerischen Ebene so genannte Panel-Codes, die für reibungs- und rotationsfreie Strömungsprobleme angewandt werden.

[1] XFOIL is an interactive program for the design and analysis of subsonic isolated airfoils.

[2] FS-Flow ist ein universaler Potentialcode nach dem Panelverfahren der Firma FutureShip DNV-GL in Potsdam, D.

[3] MH *JavaFoil. JavaFoil* is a free program that enables you to perform airfoil analysis.

MASTER ENGINEERING DESIGN
Industrial Design Institut FH Magdeburg

PHYSICAL MODELLING IN ENGINEERING DESIGN
Nur für Lehrzwecke verwenden © Mi. Dienst, Berlin

VL 100 PE_MF
Folie 100

Physikalische Modelle

Thema: COMPUTERUNTERSTÜTZTE PHYSIKALISCHE MODELLIERUNG

Fluid-Struktur-Wechselwirkung.

Die derzeitige High End in der Entwicklung der numerischen Simulationstechnik sind Berechnungsprozesse, die auf die Optimierung hochdimensionaler komplexer fluidischer Systeme zielen. Hierbei werden Berechnungen der Verformung elastischer Strömungskörper (FEM) und des zugehörigen Strömungsgebietes (CFD) in einem gemeinsamen Ansatz gekoppelt: Fluid-Striktur-Interaktion (FSI).

Physikalische Modelle

Thema: COMPUTERUNTERSTÜTZTE PHYSIKALISCHE MODELLIERUNG

PFC (Particle Flow Code)

ist eine auf der Basis der Diskrete Elemente Methode (DEM) arbeitende Software die es ermöglicht, aus den Kontaktkräften zwischen diskreten Elementen (Partikeln) den Bewegungszustand jedes einzelnen Partikels zu errechnen.

Physikalische Modelle

Thema: COMPUTERUNTERSTÜTZTE PHYSIKALISCHE MODELLIERUNG

Mehrkörpersimulation (MKS)

ist eine Methode, bei der reale Körper durch unverformbare Körper abgebildet werden. Zusätzlich wird die Bewegungsfähigkeit der Körper zueinander durch idealisierte kinematische Gelenke eingeschränkt.

MASTER ENGINEERING DESIGN
Industrial Design Institut FH Magdeburg

PHYSICAL MODELLING IN ENGINEERING DESIGN
Nur für Lehrzwecke verwenden ® Mi. Dienst, Berlin

VL 100 PE_MF
Folie 100

Physikalische Modelle

Thema: COMPUTERUNTERSTÜTZTE PHYSIKALISCHE MODELLIERUNG

Prozessmodelle.
Während mit den oben benannten (klassischen) Simulations-verfahren in erster Linie sehr spezifische geometrische und Wechselwirkungs-modelle für singuläre Berechnungsaufgaben „aufgesetzt" werden, bieten Prozess-modelle Simulationsumgebungen an, in denen modellierte Bauteile einen mit komplexen Randbedingungen ausgestatteten geometrisch- räumlich- zeitlichen Prozess quantitativ beobachtet werden können (MATLAB + SIMULINK[1], SCILAB + XCOS, MODELICA[2], DYMOLA[3]).

[1] Simulink ist eine Software des Herstellers *The MathWorks* zur Modellierung von Systemen (technisch, physikalisch, finanzmathematisch).
[2] Modelica ist eine objektorientierte Beschreibungssprache für physikalische Modelle
[3] Dymola is a commercial modeling and simulation environment based on the open Modelica modeling language.

MASTER ENGINEERING DESIGN
Industrial Design Institut FH Magdeburg

PHYSICAL MODELLING IN ENGINEERING DESIGN
Nur für Lehrzwecke verwenden ® Mi. Dienst, Berlin

VL 100 PE_MF
Folie 100

Physikalische Modelle

Thema: COMPUTERUNTERSTÜTZTE PHYSIKALISCHE MODELLIERUNG

Real-Arbeitsprozessrechnung (RAPR).

In der realen (Arbeits- und/oder Kraft-) Prozessrechnung können die Simulationskerne rein numerischer Prozessmodelle durch real gemessene Kennfelder ersetzt sein. Die Real-Arbeitsprozessrechnung stellt somit eine (numerische) Umgebung zu Verfügung, die es gestattet, Theorien zu überprüfen oder durch Experimente gewonnene Erkenntnisse sukzessive durch (abgesicherte) Simulationsmodelle zu substituieren.

MASTER ENGINEERING DESIGN

Industrial Design Institut FH Magdeburg

PHYSICAL MODELLING IN ENGINEERING DESIGN

Nur für Lehrzwecke verwenden © Mi. Dienst, Berlin

VL 100 PE_MF

Folie 100